Okay-okay! I know you're eager to start training but first let me fill you in on

HOW TO USE THIS BOOK

This book is divided into three distinct parts:

D1519062

1. Katakana writing practice sheets

The fact of the matter is that you'll probably have to use up a lot of practice paper before you memorize Japanese katakana symbols. Of course nothing will make us happier than if you bought a new workbook everytime you use up an old one but if you're mindful of your budget here's what you can do. This workbook is designed in a way that you can cut out pages out of it or just stick them into a copying machine and copy them as much as you like for unlimited writing practice!

After practice sheets devoted to katakana symbols practice comes the section of word writing practice where we've gathered words typically written in katakana from Japanese language proficiency test level N5 vocabulary.

2. Cut out katakana flash cards

Flash cards are a great way to learn however they are somewhat of a bummer to make by yourself and can be quite costly to buy. For that reason the on the last pages of this workbook we have placed katakana flash cards that you can cut out yourself. Of course these would not be as cool as the cardboard ones however we've felt that it will be a nice extra thing to have. On the cards you will find some of the words from JLPT Level N5 vocabulary to memorize along with the symbols.

So, let me not hold you any further!

(Benkyō shiyou! - Let's study!)

Lilas Lingvo

勉強しよう！

Contents

Katakana practice

Katakana flash cards

Flash card template

Genkouyoushi paper

Katakana letters chart

gojūon

	a-column	*i*-column	*u*-column	*e*-column	*o*-column
a-row	ア a	イ i	ウ u	エ e	オ o
ka-row	カ ka	キ ki	ク ku	ケ ke	コ ko
sa-row	サ sa	シ shi	ス su	セ se	ソ so
ta-row	タ ta	チ chi	ツ tsu	テ te	ト to
na-row	ナ na	ニ ni	ヌ nu	ネ ne	ノ no
ha-row	ハ ha	ヒ hi	フ fu	ヘ he	ホ ho
ma-row	マ ma	ミ mi	ム mu	メ me	モ mo
ya-row	ヤ ya	イ i	ユ yu	エ e	ヨ yo
ra-row	ラ ra	リ ri	ル ru	レ re	ロ ro
wa-row	ワ wa	イ i	ウ u	エ e	ヲ o

ン
n

dakuon

ga-row	ガ ga	ギ gi	グ gu	ゲ ge	ゴ go
za-row	ザ za	ジ ji	ズ zu	ゼ ze	ゾ zo
da-row	ダ da	ヂ ji	ヅ zu	デ de	ド do
ba-row	バ ba	ビ bi	ブ bu	ベ be	ボ bo

han-dakuon

pa-row	パ pa	ピ pi	プ pu	ペ pe	ポ po

additional letters for foreign sounds

ヴ ァ ィ ゥ ェ ォ

e.g. ヴィ (vi), ファ (fa), ティ (ti), ドゥ (du), ウェ (we), フォ (fo)

yōon

キャ kya	キュ kyu	キョ kyo
シャ sha	シュ shu	ショ sho
チャ cha	チュ chu	チョ cho
ニャ nya	ニュ nyu	ニョ nyo
ヒャ hya	ヒュ hyu	ヒョ hyo
ミャ mya	ミュ myu	ミョ myo
リャ rya	リュ ryu	リョ ryo
ギャ gya	ギュ gyu	ギョ gyo
ジャ ja	ジュ ju	ジョ jo
ヂャ ja	ヂュ ju	ヂョ jo
ビャ bya	ビュ byu	ビョ byo
ピャ pya	ピュ pyu	ピョ pyo

sokuon

ツ

pause (no sound)

ア アⁱ ア² ア ア ア ア

ア

a

ア
ア
ア
ア
ア
ア
ア
ア
ア
ア
ア
ア
ア

イ イ イ イ イ イ

イ

ウ ウ ウ ウ ウ ウ ウ ウ

ウ

エ エ エ エ エ エ

エ

e

オ オ オ オ オ オ オ オ

オ

オ

オ

オ

オ

オ

オ

オ

オ

オ

オ

オ

オ

オ

o

力　カ　カ　カ　カ　カ

カ
ka

カ
カ
カ
カ
カ
カ
カ
カ
カ
カ
カ
カ
カ
カ
カ

キ キ キ キ キ キ キ ‍ ‍ ‍ ‍ **キ**
ki

ク ク ラ ク ク ク

ク

ケ ケ ヲ ケ ケ ケ ケ

ケ

ケ
ke

コ コ コ コ コ コ

コ

コ

コ

コ

コ

コ

コ

コ

コ

コ

コ

コ

コ

ko

サ　サ　サ　サ　サ　サ　サ

サ

サ
sa

サ
サ
サ
サ
サ
サ
サ
サ
サ
サ
サ
サ
サ
サ
サ

シ

shi

ス　ス　ス　ス　ス　ス

ス
su

セ セ セ セ セ セ

セ

セ
se

セ

セ

セ

セ

セ

セ

セ

セ

セ

セ

セ

セ

セ

セ

ソ

so

夕 ﾘｸ ﾗ ﾀ 夕 夕 夕 　　　　 **夕**
ta

夕

夕

夕

夕

夕

夕

夕

夕

夕

夕

夕

夕

夕

チ チ チ チ チ チ チ

チ

チ

チ

チ

チ

チ

チ

チ

チ

チ

チ

チ

チ

チ

ツ

ツ
tsu

テ テ テ テ テ テ テ テ

テ
te

ト

ト to

ナ ナ ナ ナ ナ ナ ナ

ナ

na

ナ
ナ
ナ
ナ
ナ
ナ
ナ
ナ
ナ
ナ
ナ
ナ
ナ
ナ

二

ni

ヌ ヌ ヌ ヌ ヌ ヌ

ヌ

nu

ネ ネ ネ ネ ネ ネ ネ ネ

ネ
ne

ノ

no

ハ

ha

ヒ ヒ ヒ ヒ ヒ ヒ

ヒ

hi

ヒ

ヒ

ヒ

ヒ

ヒ

ヒ

ヒ

ヒ

ヒ

ヒ

ヒ

ヒ

ヒ

ヒ

フ フ フ フ フ

フ

フ

フ

フ

フ

フ

フ

フ

フ

フ

フ

フ

フ

フ

フ

フ
fu

へ

ホ ホ ホ ホ ホ ホ ホ ホ ホ

ホ

ho

マ

ma

mi

ム

mu

メ

me

モ モ モ モ モ モ モ モ

モ

モ

モ

モ

モ

モ

モ

モ

モ

モ

モ

モ

モ

モ

ヤ

ユ　ユ　ユ　ユ　ユ　ユ

ユ

yu

ヨ ヨ ヨ ヨ ヨ ヨ ヨ

ヨ
yo

ラ

ラ

リ

ri

ル ル ル ル ル ル

ル

ル
ru

レ
re

ロ

ro

ワ ワ ワ ワ ワ ワ

ワ

ヲ

ン

n/m

apartment

アパート

elevator

エレベーター

cup

カップ

camera

カメラ

curry

カレー

calendar

カレンダー

guitar

ギター

kilo (kilogram, kilometer)

キロ

gram

グラム

meter

メートル

class

クラス

coat

コート

coffee

コーヒー

copy

コピ

shirt

シャツ

shower

シャワー

skirt

スカート

heater, stove

ストーブ

spoon

スプーン

sport

スポーツ

trousers

ズボン

slippers

スリッパ

zero

ゼロ

taxi

タクシー

tape

テープ

recorder

レコーダー

table

テーブル

test

テスト

department store

デパート

television

テレビ

door (Western style)

ド | ア | | | | | | | | | | | |

toilet

ト | イ | レ | | | | | | | | | | |

knife

ナ | イ | フ | | | | | | | | | | |

news

ニ | ュ | ー | ス | | | | | | | | |

tie, necktie

ネ | ク | タ | イ | | | | | | | | |

party

パ | ー | テ | ィ | ー | | | | | | | |

bus

バ | ス | | | | | | | | | | | |

butter

バ | タ | ー | | | | | | | | | | |

bread

パ | ン | | | | | | | | | | | |

handkerchief

ハ | ン | カ | チ | | | | | | | | |

film (roll of)

フィ	ル	ム									

swimming pool

プ	ー	ル									

fork

フ	ォ	ー	ク								

bed

ベ	ッ	ド									

pet

ペ	ッ	ト									

pen

ペ	ン										

ball

ボ	ー	ル									

pocket

ポ	ケ	ッ	ト								

post

ポ	ス	ト									

button

ボ	タ	ン									

hotel

ホテル

match

マッチ

radio

ラジオ

radio cassette player

ラジカセ

restaurant

レストラン

business shirt

ワイシャツ

bell

ベル

present, gift

プレゼント

building (abbreviation), bill

ビル

piano

ピアノ

Africa

アフリカ

America

アメリカ

curtain

カーテン

suit

スーツ

stereo

ステレオ

type, style

タイプ

text, textbook

テキスト

PC

パソコン

register

レジ

part-time

パート

ア カ

イ キ

ウ ク

エ ケ

オ コ

ka

かぜ	a cold
かぞく	Family
カップ	Cup

a

あたたかい	warm
あたま	head
あつい	hot

ki

きたない	Dirty
きって	postage stamp
きっぷ	Ticket

i

いけ	pond
いしゃ	medical doctor
いす	chair

ku

くるま	car, vehicle
くろい	black
クラス	Class

u

うる	to sell
うるさい	noisy, annoying
うわぎ	jacket

ke

けさ	this morning
けす	to erase, to turn off

e

えき	station
エレベーター	elevator
えんぴつ	pencil

ko

コピーする	to copy
コーヒー	Coffee
コート	coat, tennis court

o

おちゃ	green tea
おてあらい	bathroom
おんがく	Music

Katakana flash cards

サ	タ		
シ	チ		
ス	ツ		
セ	テ		
ソ	ト		

ta

たいしかん	embassy
たかい	tall, expensive
タクシー	taxi

sa

さいふ	Wallet
さかな	Fish
さくぶん	composition

chi

ちず	map
ちかてつ	underground train

shi

しかし	However
しずか	Quiet
しつもん	Question

tsu

つくる	to make
つける	to turn on
つよい	powerful

su

スカート	Skirt
ストーブ	Heater
スプーン	Spoon

te

テープ	tape
テーブル	table
テレビ	television

se

セーター	sweater, jumper
せびろ	business suit
せんたく	Washing

to

トイレ	toilet
とおい	far
とけい	watch, clock

so

そと	Outside
そば	near, beside
それから	after that

Katakana flash cards

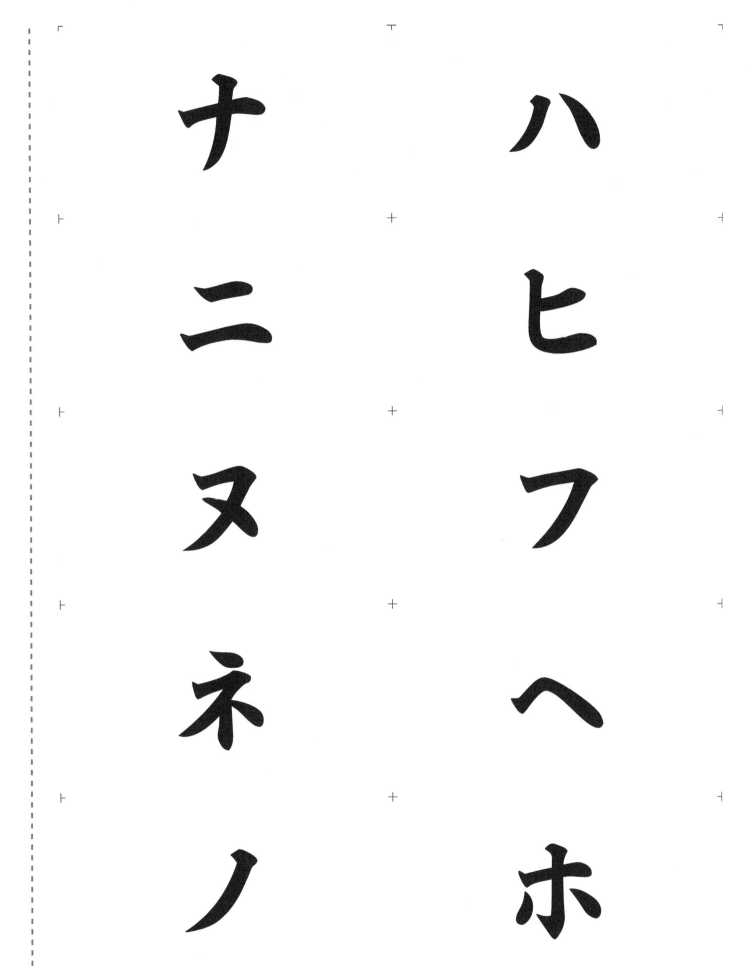

ha

はいる　　to enter,
　　　　　to contain
ハンカチ　handkerchief

na

など　　et cetera
ナイフ　knife

hi

ひく　　　to pull
ひこうき　aeroplane
ひろい　　spacious,wide

ni

ニュース　　news
にし　　　　west
にちようび　Sunday

fu

フィルム　roll of film
フォーク　fork
ふく　　　to blow

nu

ぬるい　luke warm
ぬぐ　　to take off
　　　　clothes

he

へや　room
へた　unskillful
へん　area

ne

ネクタイ　tie, necktie
ねる　　　to go to bed,
　　　　　to sleep

ho

ホテル　　hotel
ほんだな　bookshelves
ほそい　　thin

no

ノート　　notebook
のぼる　　to climb
のみもの　a drink

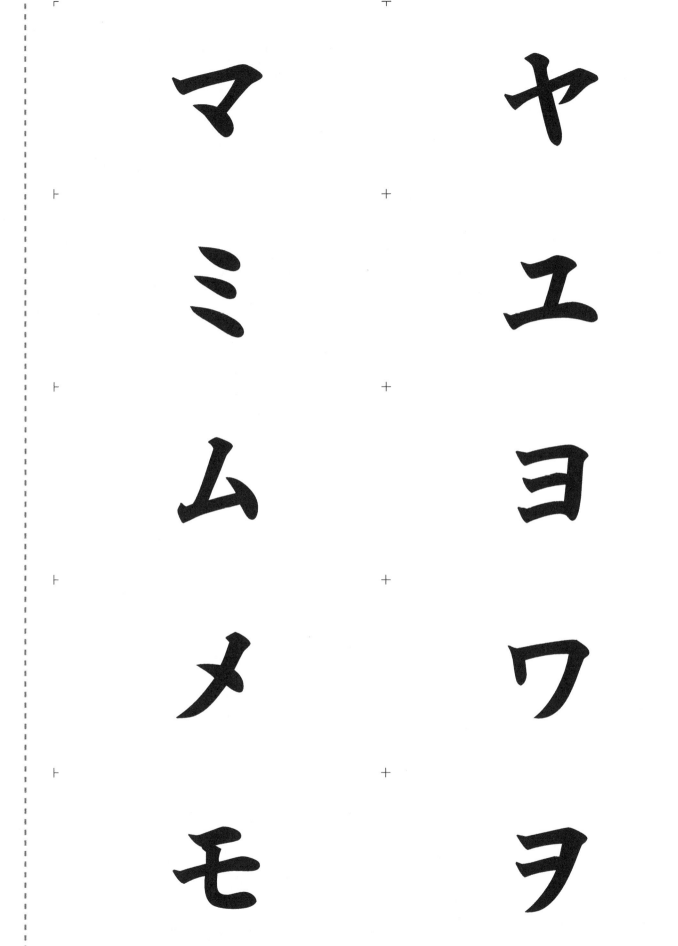

ヤ 　 マ

ユ 　 ミ

ヨ 　 ム

ワ 　 メ

ヲ 　 モ

ya

やすみ	rest,holiday
やすむ	to rest
やま	mountain

yu

ゆく	to go
ゆうべ	last night
ゆうはん	dinner

yo

よわい	weak
よる	evening,night
よっつ	four

wa

ワイシャツ	business shirt
わかい	young

o

ma

マッチ	match
マッチ	match
まるい	round, circular

mi

みせ	shop
みせる	to show
みなみ	south

mu

むっつ	six
むこう	over there
むいか	six days

me

メートル	metre

mo

もういちど	again
もっと	more
もの	thing

ラ	ガ
リ	ギ
ル	グ
レ	ゲ
ロ	ゴ

ga

がいこくじん   Foreigner
がくせい   Student
がっこう   School

ra

ラジオ   radio
ラジカセ / ラジオカセット
radio cassette player

gi

ぎんこう   Bank

ri

りょうしん both parents
りょうり cuisine
りょこう travel

gu

グラム   Gram

ru

ge

げつようび   Monday
げんかん   entry hall
げんき   health, vitality

re

レコード   record
レストラン   restaurant

go

ご   Five
ごご   afternoon
ごぜん   morning

ro

ろうか   corridor
ろく   six

Katakana flash cards

da

だいがく   university
だいじょうぶ   all right
だいどころ   kitchen

za

ざっし   Magazine

dzi

ji

じどうしゃ   Automobile
じしょ   Dictionary
じてんしゃ   Bicycle

dzu

ズボン   Trousers

zu

ズボン   Trousers

de

デパート   department store

ze

ゼロ   Zero

do

ドア   Western style door

zo

Katakana flash cards

バ

ビ

ブ

ベ

ボ

パ

ピ

プ

ペ

ポ

pa

| パーティー | party |
| パン | bread |

ba

| バター | butter |

pi

bi

| びょういん | hospital |
| びょうき | illness |

pu

| プール | swimming pool |

bu

| ぶたにく | pork |
| ぶんしょう | sentence,text |

pe

ページ	page
ペット	pet
ペン	pen

be

| べんきょうする | to study |
| べんり | useful, convenient |

po

| ポケット | pocket |
| ポスト | post |

bo

| ボールペン | ball-point pen |
| ボタン | button |

キャ	ミャ
シャ	リャ
チャ	キュ
ニャ	シュ
ヒャ	チュ

mya

kya

rya

sha

シャツ　　　　　Shirt
シャワー　　　　Shower

kyu

ぎゅうにく Beef
ぎゅうにゅう　　Milk

cha

ちゃいろ　　　　brown
ちゃわん　　　　rice bowl

shu

しゅくだい　　　homework

nya

chu

hya

ひゃく　　　　　hundred

ニュ	ショ
ヒュ	チョ
ミュ	ニョ
リュ	ヒョ
キョ	ミョ

sho

しょうゆ soy sauce
しょくどう dining hall

nyu

cho

ちょうど exactly
ちょっと somewhat

hyu

nyo

myu

hyo

ryu

myo

kyo

きょう Today
きょうしつ Classroom
きょうだい (humble) siblings

リョ
ン

ryo

n

Katakana flash cards

Flash cards

Made in the USA
Las Vegas, NV
16 May 2021